tredition®

www.tredition.de

AF201941

Heribert Steger

Das A und O

99 Gedichte zu 99 biblischen Redensarten

www.tredition.de

© 2018 Heribert Steger

Verlag und Druck: tredition GmbH, Halenreie 40 - 44
22359 Hamburg

ISBN
Paperback: 978-3-7469-1038-3
Hardcover: 978-3-7469-1039-0
e-Book: 978-3-7469-1040-6

Inhalt

1. Das A und O einer Sache

Das A und O bei manchen Sachen
kann uns recht große Freude machen.
Wir wissen viel, wir können was.
Und dies macht wirklich Riesenspaß.

Gott ist der Anfang und das Ende,
der unser Schicksal glücklich wende.
Beherrschen wir das A und O,
dann sind wir glücklich, klug und froh.

2. In Abrahams Schoß

Bei Abraham geborgen sein,
in seinem Schoß zu ruhen fein,
ist Inbegriff der Phantasie
vom Heil und Glück in Poesie.

Drum übe stets Barmherzigkeit!
Zu Nächstenliebe sei bereit!
Und lindere den Schmerzverdruss
des armen, kranken Lazarus!

3. Den alten Adam ausziehen

Den alten Adam ziehe aus!
Den Egoismus lass zuhaus!
Du darfst dich ändern, bitteschön!
Dann wird man dich bald anders sehen.

Bist du in Christus eingesenkt,
in dir die Liebe Feuer fängt.
Das Alte ist vergangen.
Das Neue will anfangen.

4. Im Adamskostüm

Der Adam war im Paradiese,
wer's noch nicht weiß, der lese diese
Geschichte in der Bibel nach!
Denn als er das Gebot zerbrach,

vom Baum des Wissens nicht zu essen,
da war Gehorsam ganz vergessen.
Und als er diese Sünd' beging,
sein Glück an einem Faden hing.

Vertrieben aus dem Garten Eden,
von Freude war nicht mehr zu reden.
Der Arbeit Fluch fing damals an.
Im Felde wurde viel getan.

Im Schweiß nur sollt' sein Brot er essen,
die Dornen, Disteln nicht vergessen.
Die Strafe traf die beiden schwer.
Sie litten an Beschwerden sehr.

Denn Eva sollte ohne Scherzen
die Kinder kriegen mit viel Schmerzen.
Kaum aß man von der süßen Frucht,
fühlt' man sich nackt und auch verflucht.

Und da man sich versteckte,
die Scham auch gern bedeckte.
Als erste Kleidung diente glatt
das so berühmte Feigenblatt.

Der Adam im Kostüm war nackig,
Bekleidungswahn erwuchs ihm zackig.
Und so entstand in frühester Zeit,
die Mode aus dem ersten Kleid.

Und was sich einst bewährte,
auch damals nicht beschwerte.

5. Bei Adam und Eva anfangen

Wenn du was weißt, so fang' nicht an
mit Adam und der Eva dann,
die einst durch Strafen schwer geschunden,
aus Edens Garten sind verschwunden.

Denn dies ist schon so lange her.
Man denkt daran nicht gerne mehr.

6. Von Adam und Eva stammen

Kennst du den Witz vom Onkel Fritz?
Der saß im Auto ohne Sitz!
Wer kennt sie nicht, solch' Redensarten?
Ach, wenn wir sie uns doch ersparten!

Drum lasst sie uns vergessen schnell,
da diese doch nicht originell.
Ein uralt Wort, ein solcher Satz,
stammt wohl aus Adams / Evas Schatz?

7. Seit Adams Zeiten

Hast du gehört von Adams Zeiten,
von seinem Pech, den schlimmen Pleiten?
Von seinem Fall im Paradies?
Wie's ging mit beiden schrecklich mies?

Wie Adam wurde einst vertrieben?
Dass er mit Eva nicht geblieben
im Garten Eden voller Glück.
So denk an Altes nur zurück!

8. Sich nach den Fleischtöpfen Ägyptens sehnen

Sehnst du zurück die alte Zeit?
Dann lass nicht in Vergessenheit
die Mühe, Arbeit, große Plage,
die Schufterei an jedem Tage!

Denk' an die üble Quälerei,
die Not, das Elend mit dabei!
Du wirst dein Glück sehr schnell verpassen,
musst du die Freiheit liegen lassen.

Die Nahrung zwar, das Fleisch und Brot,
die linderte so manche Not.
Doch Freiheit, diese hoch verehrte
vom Zwang befreite und bewährte

Gelegenheit zählt wirklich mehr.
So wünsch' dir solche Werte her,
die unvergänglich und nie nichtig,
die bleiben für uns ewig wichtig.

Die Liebe, Glück, Geborgenheit,
Gerechtigkeit, Gemeinsamkeit,
in Freiheit nur kann man gestalten.
Nur so lässt Leben sich entfalten.

9. Alt wie Methusalem

Neunhundertneunundsechzig Jahr
das Alter von Methusalem war.
Dies scheint fürwahr ein biblisch Alter,
das zu besingen mit 'nem Psalter

aus Dank nur recht und billig wär.
Zum Lobe Gottes, Ihm zur Ehr.
So möchte ich recht laut nur singen,
tät dieses Alter wirklich bringen

Gesundheit und Zufriedenheit,
nur Freude, Glück zu jeder Zeit,
unendlich viel an Kraft und Muße
und möglichst wenig Leid und Buße.

Doch oft ist es grad umgekehrt.
Wer alt wird, heute sich beschwert,
dass er jetzt will vor lauter Leiden,
den Tod mag nicht mehr länger meiden.

10. Zu allem ja und amen sagen

Zu allem ja und amen sagen,
scheint mir ein sonderlich Betragen.
Wer alles nimmt, als wär' es gut,
dem fehlt es leider oft am Mut,

an eigner Meinung und Courage,
die zu verschweigen ist Blamage.
Drum sage lieber, was du meinst,
damit du hinterher nicht weinst.

11. Sich die Augen ausweinen

Untröstlich ist, wer ungehemmt,
den Schmerz in Tränen fortgeschwemmt,
der dann zum Ausdruck seiner Trauer,
benötigt Zeit von langer Dauer,

dem Schmerzen keine Grenze zieht,
bis dass vor Tränen man nichts sieht.
Sie scheinen wirklich auszufließen,
sich mit den Tränen auszugießen.

Auf diese Weis' der Schmerz bleibt wach,
wenn Tränen fließen wie ein Bach.
Drum höre auf, nur mehr zu weinen
und lass die Sonne wieder scheinen!

12. Auge um Auge, Zahn um Zahn

„Auge um Auge, und Zahn um Zahn"
ist kein Prinzip vom Rachewahn.
Es soll den Aggressiven schrecken,
mit der Gewalt zurückzustecken,

zu achten Recht und Billigkeit,
den Richterspruch, Gerechtigkeit.
Doch scheint mir hundertmal gescheiter,
geht man mit der Moral viel weiter:

Wie Jesus, mit Barmherzigkeit,
mit Liebe und mit Gütigkeit,
anstatt den Menschen bloß zu schelten,
Schlechtes mit Gutem zu vergelten.

Doch glaub' ich nicht, dass es sehr klug,
wenn dich ein Bösewicht mal schlug,
die andre Backe hinzuhalten.
So hemmt man selten böses Walten.

Wenn er beschämt, dann ist es gut.
Doch sei kein Feigling, hab' auch Mut,
aktiv zu kämpfen und zu handeln;
sonst wird der Böse sich nicht wandeln.

So hemme ihn, vielleicht mit List,
damit du nicht der Dumme bist.
Denn hat der Böse kein Gewissen,
wirst du die Besserung vermissen.

Wenn er dich schätzt und attackiert,
dann mag es sein, dass er blamiert.
Wirst du ihn liebevoll nicht schlagen,
mag ändern er sein bös' Betragen.

Dann kann ein Blick, ein gutes Wort
zur Bess'rung mahnen immerfort.
Dann kannst du die Moral anheben
zu einem bessren, guten Leben.

13. Babylonisches Sprachengewirr

Babylon, so heißt die Stadt,
die so viele Menschen hat.
Also wollt' man etwas bauen,
etwas Schönes anzuschauen:

Einen Turm, der nicht aus Holz,
erbaut aus Stein. Und voller Stolz
wird geplant und ausgedacht,
was den Menschen Freude macht.

Dieser Turm sollt' werden hoch,
wachsen bis zum Himmel noch.
Und so galt es, mit Vertrauen,
dieses Machwerk anzuschauen.

Doch das weckte Gottes Zorn,
der die Sprachen hat verworr'n,
macht' zunicht' der Menschen Werke,
um zu zeigen seine Stärke.

Wirrsal breitete sich aus.
Aus dem Bauplan wurd' nichts draus.
Seitdem gibt es Möglichkeiten,
viel zu kämpfen und zu streiten.

Ist Verwirrung heute groß,
denkt man oft an Babels Los,
wo die Sprachen unbekannt,
kommt man in ein fremdes Land.

14. Mit Blindheit geschlagen sein

Wenn ein Mensch etwas nicht findet,
scheint er anderen erblindet.
Und wenn er was lange sucht,
er den Gegenstand verflucht.

Wirkt er hilflos zu verzagen,
ist mit Blindheit er geschlagen,
geht verzweifelt hin und her,
findet dieses nimmermehr.

15. Blut und Wasser schwitzen

Schwitzen, sagt man, ist gesund.
Kommt man dabei auf den Hund,
bleibt der Mensch ganz ohne Ruh',
schwitzt er Blut noch mit dazu.

Denn durch Angst und große Panik,
wird das Leben nicht grad' sahnig.
Drum entferne Mühsal, Not!
Andernfalls bist du bald tot.

16. Der Mensch lebt nicht
vom Brot allein

Der Mensch lebt nicht vom Brot allein,
er möchte auch verstanden sein,
getragen ganz von Freundschaft, Liebe,
auf dass sein Glück von Dauer bliebe.

Damit dein Glück dir niemand raube,
nach Hoffnung strebe und nach Glaube!
So sollst du suchen nach den Werten,
die Christen schätzten und verehrten.

Denn was man dort am meisten preist,
ist Gottes Lieb', sein guter Geist.
Und kannst du diesen Geist „besitzen",
brauchst du ängstlich nicht zu schwitzen,

wie du kannst essen nur dein Brot,
wie Du herauskommst aus der Not.
Mit Gottes Geist wirst du verweilen,
dein Brot mit andern auch zu teilen.

17. Wer nie sein Brot mit Tränen aß

Wer nie sein Brot mit Tränen aß,
der kennt kein Leid und keine Sorgen.
Wer Kummer, Unglück ganz vergaß,
den quält auch nicht das ferne Morgen.

Er lebt im Hier und Jetzt allein,
steht fern von Not und allem Leid.
Er mag zwar recht zufrieden sein,
doch fehlt es ihm an Menschlichkeit.

18. Ein Buch mit sieben Siegeln

Ein Buch mit sieben Siegeln heißt,
dass ich es nicht versteh' zumeist.
Es scheint mir schwierig, wirr und dunkel,
grad wie ein düsteres Gemunkel.

Wenn mir der Sinn erscheint zu schwer,
muss die Erklärung dringend her.
Auf dass die Siegel man mir breche
und so vergeh' Verstandesschwäche!

Das Lamm, das Jesus Christus ist,
bei dem du gut beraten bist,
bricht dir die Siegel, bitte sehr:
Du hast Erleuchtung hinterher.

19. Seinen Tag von Damaskus erleben

Seinen Tag von Damaskus erleben,
da dürfte Probleme es geben.
Du fühlst dich klein und äußerst matt.
Vielleicht hast du das Leben satt.

K.o.-sein, kaputt gehn, furchtbar leiden,
das sollte man, wenn's geht, vermeiden.
Doch gibt's den Trost für jeden Tag,
dass es bald besser werden mag.

20. Wie ein Dieb in der Nacht

Ein Dieb in der Nacht,
der kommt unbedacht,
ganz leise auf Sohlen,
gekrochen, verstohlen.

Wir schätzen ihn nicht,
den heimlichen Wicht.
Wir wollen schon sehen,
was, wie, wo geschehen.

21. Jemanden ein Dorn im Auge sein

Ein Dorn im Auge furchtbar schmerzt,
denn er gehört ganz ausgemerzt.
So hüte dich, ein Dorn zu sein,
dem anderen zu bringen Pein!

22. Wie mit Engelszungen reden

Mit Engelszungen reden
ist Schönheit, Klarheit pur;
vergeblich für die Blöden,
wenn Menschen bleiben stur.

23. Durch die Finger sehen

Durch die Finger sehen
schränkt den Blick recht ein;
man sieht nicht was geschehen,
die Wahrheit dringt nicht ein.

24. Jemanden unter

die Fittiche nehmen

Geschützt, gefördert und behütet
ist, wer sich Fittiche gemietet.
Wer munter, fröhlich und auch satt
nur immer gute Laune hat.

Wer unter einem Dach von Flügeln
kann manches leichter, glatter bügeln,
der leidet nicht an Schwierigkeit,
verbringt so eine schöne Zeit.

Wer so beschützt ist und geborgen,
der lebt recht froh und frei von Sorgen.
Die Fittiche, die sind sein Glück;
sie sind des Lebens bestes Stück.

25. Sein eigen Fleisch und Blut

Wer kennt sein eigen Fleisch und Blut,
der liebt sein Kind recht herzlich gut.
Dem ist's, als wär's ihm aus den Mitten
von Herz und Leib herausgeschnitten.

26. Auf schwachen /
tönernen Füßen stehen

Auf schwachen, tönernen Füßen stehen,
das heißt auf unsicheren Beinen gehen.
Wer solchermaßen ist gebaut,
trägt hart daran, wenn man ihm traut.

27. Seinen Geist aufgeben

„Seinen Geist aufgeben" sterben heißt,
doch sagt man dieses gern zumeist
von toten Sachen, auch Maschinen,
die uns zu keinem Zweck mehr dienen.

28. Nicht von gestern sein

Von gestern sein will wirklich keiner,
von heute „in" sein ist viel feiner.
Man folgt der Mode und dem Trend
der Jugend, die Begeist'rung kennt.

Man hat viel Neues gern auf Lager,
viel Coca-Cola, Eis und Schlager.
Als Kleidung möcht' man Jeans und Shorts.
Man treibt auf Inline-Skates gern Sports.

Das Fitsein will man mächtig schätzen
und zögert nicht herumzuhetzen.
Man schwärmt für Filme und TV,
auch Videos, die mögen sie.

Ist Bibel, Glaube da passé?
Sagt man zu Gott nur noch „adé" (à-dieux)?
Ich glaube nicht, dass dies so ist,
zumindest nicht für einen Christ'.

Dem Menschen Jesus, dem in Massen,
die Leute folgten auf den Straßen,
gilt auch in Zukunft großer Ruhm,
er bleibt ein ewig Heiligtum.

Zu ihm gewiss in tausend Jahren
die Menschen strömen noch in Scharen.
Die Hoffnung ganz mit Jesus geht,
sein Geist in Ewigkeit noch weht.

So bin ich mir auch ziemlich sicher,
dass trotz des spöttischen Gekicher,
der Name Jesu wichtig bleibt.
Sein Geist ist uns fest einverleibt.

Der Gottessohn bleibt immer wichtig.
Er wird nie untergehn und nichtig.
Was wesentlich, ist niemals „out".
Denn Zukunft hat, wer Gott vertraut.

29. Der Glaube kann Berge versetzen

Der Glaube kann Berge versetzen.
Er ändert des Lebens Bahn.
Er befreit dich vom Sorgen und Hetzen,
von Selbstsucht, von Lüge und Wahn.

30. Wer's glaubt, wird selig

„Wer's glaubt, wird selig",
so sagt man mit Spott,
weil jeder meint: „Der ist naiv!"
Man denkt dabei meist nicht an Gott,
der uns durch Jesus dies zurief.

31. Jedes Wort auf die
Goldwaage legen

Jedes Wort auf die Goldwaage legen,
das tun wir bei Leuten, die wir nicht mögen,
Wir sind zu kritisch und genau,
wir ziehen ab 'ne große Schau.

Wir können andre sehr blamieren,
wenn wir sie derart kritisieren.
Die eignen Worte solltest du
jedoch gut wägen ganz in Ruh!

32. Wer andern eine Grube gräbt, fällt selbst hinein

Wer andern eine Grube gräbt,
fällt selbst hinein.
Wer sich des Bösen selbst nicht schämt,
sollt' nicht verwundert sein,

wenn er die Falle nicht vermeidet
und selber an den Folgen leidet.
Mit der Moral man jeden warnt,
wer Fallen, List und Tücken tarnt.

33. Jemandem stehen die Haare zu Berge

Jemandem stehen die Haare zu Berge,
wie Riesen türmen sie sich auf.
Die Ängste sind dann keine Zwerge
und hemmen seinen Lebenslauf.

Fährt ihm der Schreck dann in die Glieder
und richten sich die Haare hoch.
Dann wird er bleich, die Furcht hält nieder,
die Gänsehaut, die bleibt ihm noch.

Er sieht zwar größer aus, wenn sie sich
sträuben,
die Haare hoch zu Berge stehen.
Doch will die Größe bloß betäuben,
die Haare nur im Winde wehn.

34. Jemanden auf Händen tragen

Jemanden auf Händen tragen
scheint ein schönes Unterfangen.
Es geschieht an hellen Tagen,
wenn wir haben ein Verlangen
nach viel Liebe, Glück zu zweit
und nach viel Geborgenheit.

35. Seine Hände in Unschuld waschen

Seine Hände in Unschuld waschen,
das ist meist nicht fair und nicht recht.
Wir können so Glück nicht erhaschen,
wenn Menschen hier handeln so schlecht.

Denn gottlos, gemein und recht feige,
gar ängstlich und furchtsam und mies
ist, wer zum Unrecht nur schweige,
von Mut und Gerechtigkeit ließ.

Wer dies tut, wird zaghaft und leise.
Es ist für niemanden gut,
wenn Verantwortung tragischerweise
wird kleinlaut und ohne Mut.

36. Seinen letzten Heller weggeben

Seinen letzten Heller weggeben
ist ein Akt von Großzügigkeit,
vom Leben aus höherem Streben
nach edler Freigebigkeit.

Wer hilfsbereit, barmherzig ist,
den Ärmsten hilft, auch in der Not,
wer seinen Nächsten nicht vergisst,
mit jedem teilt sein letztes Brot,

der tut es nicht des Dankes willen,
auch nicht für Lohn in dieser Welt.
Um Gottes Willen zu erfüllen,
tut er, was uns und Gott gefällt.

37. Den Seinen gibt's der Herr im Schlaf

Den Seinen gibt's der Herr im Schlaf,
auch wenn nicht jeder schuftet brav,
so hat ein unverdientes Glück,
wenn Reichtum, Wohlstand bleibt zurück,

obwohl man sich nicht anstrengt sehr,
nicht schuftet und nicht kämpfet mehr.
Denn glücklich bleibt auf seinen Wegen,
wer ganz beschenkt mit Gottes Segen.

38. Jemandem sein Herz ausschütten

Jemandem sein Herz ausschütten,
sich teilen mit und teilen aus,
gemeinsam wohnen wie in Hütten,
dann wird dem andren viel daraus.

Er fühlt dann mit, er fühlt sich voll
mit Freuden oder auch mit Sorgen.
Er hegt für andre keinen Groll.
Die Hoffnung wächst wie neu am Morgen.

Das Herz dann lacht, es freut sich sehr.
Die Liebe blüht ganz ohne Hehlen.
Die Freude wächst, sie wird dann mehr.
Dem andren scheint nichts mehr zu fehlen.

39. Aus seinem Herzen
keine Mördergrube machen

Wer ist der bitterböse Bube,
der aus dem Herzen macht 'ne Grube
von Mördern, die dich töten wollen,
die dir nicht einmal Achtung zollen?

Um keine Grube dir zu machen,
vom Ärger komme nur zum Lachen.
Du wirst befreit von Sorgen, Lasten.
Du brauchst mit Worten nicht zu fasten.

40. Sich etwas zu Herzen nehmen

Sich etwas zu Herzen zu nehmen
dafür braucht keiner sich schämen,

bewegt, betroffen zu sein,
nicht wie ein harter Stein,

heißt recht menschlich als Person
handeln aus Gefühlen schon,
Anteil nehmend auch am Leid
und offen sein für jemand's Freud.

41. Den Himmel offen sehen

Den Himmel offen sehen,
fest auf der Erde stehen
und dennoch selig sein,
zu wissen, dass man klein

auf Erden lebt vor Gott,
das macht das Leben flott,
beweglich und agil;
es führt zum letzten Ziel.

42. Himmel und Hölle

in Bewegung setzen

Himmel und Hölle in Bewegung setzen,
sich praktisch die Lunge aus dem Leibe hetzen,
um etwas zu schaffen, um viel zu erreichen,
nur nicht resignieren, vom Ziele abweichen.

Selbst schlechte Mittel sind dann recht
beim großen Eifer im Gefecht.
Im Kampfe für ein großes Ziel,
ist Menschen manchmal nichts zu viel.

43. Zum Himmel schreien

Zum Himmel schreien unerlässlich
die Menschen, wenn sie leiden grässlich.
Auch ist ein Zustand unbedingt
korrupt, wenn er zum Himmel stinkt.

44. Das ist eine Hiobsbotschaft

Das ist eine Hiobsbotschaft,
sagt man, wenn ein Übel kommt,
dessen Nachricht in der Ortschaft
wird verbreitet schnell und prompt.

Fährt der Schrecken in die Glieder,
wie dem treuen Knechte Job,
fühlt man sich ganz down und nieder,
schlecht behandelt ohne Lob.

45. Jemandem ist etwas zu hoch

Jemanden ist etwas zu hoch,
er kann es nicht verstehen.
Zunächst will er's erreichen noch.
Die Lust tut ihm vergehen.

Es ist komplex, zu kompliziert,
zu schwer und unbegreifbar.
Drum äußert er ganz ungeniert,
dass es ihm letztlich gleich war.

46. Hochmut kommt vor dem Fall

Wenn Hochmut kommt oft vor dem Fall,
erglänzt sein Stern ganz groß,
doch schließlich gibt's 'nen lauten Knall.
Ins Elend stürzt er bloß.

Die Strafe folgt, der Täter hastet
nach Halt und Orientierung sehr.
Ach hätt' der Prahlhans nur gefastet,
dann hätt' er jetzt kein' Kummer mehr.

47. Der Weg zur Hölle ist mit guten Vorsätzen gepflastert

Der Weg zur Hölle und zum Bösen
ist leicht begehbar und gepflastert.
Man braucht Beherrschung nur zu lösen,
die Vorsätz' sind schnell ausgerastet.

Drum rat ich dir nur ganz im Guten,
Fass' nicht so viele Wünsche dir!
Du musst dich mäßigen und sputen!
Askese, Fasten lob ich mir!

48. Nicht um ein Jota

Nicht um ein Jota! Er weicht nicht ein Stück.
Er geht nicht mal vorwärts, auch nicht zurück.
Er bleibt unbeweglich, ganz starr und recht steif,
so kann er nicht bleiben, lebendig, alive.

Wer niemals nachgibt, nicht im Geringsten,
der kann nicht gedeihen, auch nicht an Pfingsten.
Er kann nicht beliebt sein unter Senioren.
Er hat bei der Jugend schon gar nichts verloren.

Er bleibt sehr verkrustet, er ist so verschraubt.
Er ist ja viel schlimmer, als man es erlaubt.
Er ist nicht beweglich, nicht locker, flexibel.
Er ist ein Pedant vom allergrößten Übel.

49. Dem Kaiser geben, was des Kaisers ist

Dem Kaiser geben, was ihm gebührt
und Gott verehren, wie es sich ziert.
Das ist die Maxime, das ist ein Wort,
das Christen bejahen an jedem Ort.

50. Um das goldene Kalb tanzen

Wer um das goldene Kalb wird tanzen,
verpasst das Leben, verspielt seine Chancen.
Er betet an die Macht, das Geld,
die Schönheit oder was gefällt.

Anstatt zu lieben ganz von Herzen,
der Tänzer wird sein Glück verscherzen.
Wer Gott nicht sieht und nicht verehrt,
scheint oberflächlich, unbeschwert.

Gemeinschaft, Großmut, Freundschaft, Liebe
sind ihm nur Ausdruck niedriger Triebe.
Sein Leben kennt keinen höheren Wert.
Das Lebensglück bleibt unvermehrt.

Wer Wohlstand und nur Reichtum sucht,
ist vor dem Leben auf der Flucht.
Mit Konsum, mit Sinnlichkeit
verschwendet er die Lebenszeit.

51. Der Kelch ist an jemandem
vorübergegangen

Der Kelch ist schon vorübergegangen.
Da haben sich gerötet die Wangen,
erleichtert ist man von Angst und Pein,
das Schlimmste scheint vorbei zu sein.

52. Feurige Kohlen
auf jemandes Haupt sammeln

Feurige Kohlen auf jemandes Haupt
gesammelt mit Asche, mit Glut und mit Staub,
ein Zeichen der Buße, der Scham und der Reue,
damit sich der Eifer, die Liebe erneure.

53. Krethi und Plethi

Krethi und Plethi, Philister und Kreter,
einst Leute für Davids Schwerenöter.
Vor des Königs Befehlen u. seinen Erlassen,
der Bösewicht sollte vor diesen erblassen.

König David besaß sie zu seinem Schutze,
als Leibbewachung und allen zum Trutze.
Sie warn nicht beliebt, fast allen verhasst;
denn Krether und Plether einst trugen die Last,

zu töten nach Auftrag, Befehl oder Weisung.
Die Krether und Plether sind keine Lobpreisung.
Verächtlich spricht man noch heute von solchen,
als tummle man sich inmitten von Strolchen.

54. Sein Kreuz auf sich nehmen

Sein Kreuz auf sich nehmen,
Sein Schicksal ertragen,
die Pflicht erfüllen, geduldig sein:
das Schwere bejahen, das Leben wagen,
so stellt ein Christ sich willig ein.

Wer nicht sein Kreuz ganz auf sich nimmt,
es trägt mit Anstand, schlichter Würde,
wer diese Hürde nicht erklimmt,
lebt ohne Last und ohne Bürde.

Anstatt Bequemlichkeit zu mehren,
zu leben ganz im Einerlei,
lebt man als Christ nur Gott zu Ehren,
für Gottes Reich man tauglich sei.

55. Ein langer Laban

Ein langer Laban ist ein Mann,
der uns die Sicht versperren kann.
Egal, wie sehr du dich musst recken.
Er wird die Aussicht dir verdecken.

Er ist so groß, man sieht nichts mehr
als seinen Rücken breit und schwer.
Doch bleib' nur ruhig, still und heiter!
Denn wenn er fort, dann siehst du weiter!

56. Sich wie ein Lamm
zur Schlachtbank führen lassen

Sich wie ein Lamm nur führen lassen
und sei's zu Orten, die wir hassen,
zu Menschen, die wir fürchten, meiden,
da wir durch diese schrecklich leiden.

Ist das begehrenswert und klug?
Lass ab von diesem bösen Trug!
Nur Jesus war einst so geduldig
und litt lammfromm und ganz unschuldig.

Drum meide, was dich macht nur krank,
den Schlächter und des Schlächters Bank,
es sei denn, du willst schon hier auf Erden
ein großer Märtyrer des Himmels werden.

57. Das Land, in dem
Milch und Honig fließt

Das Land, wo Milch und Honig fließt,
wo Wasser sich in Flüsse gießt,
wo Kühe grasen auf den Weiden,
wo niemand Hunger muss erleiden.

Die Bienen summen im Sonnenschein
und sammeln fleißig Honig ein.
Der Mensch schläft satt an einem Teiche
und träumt im Schatten einer Eiche.

Der Mensch ist reich, an Nahrung satt,
weil er zum Leben alles hat.
So ist ihm alles angenehm
gar wohlig, sonnig und bequem.

58. Mit dem Leben davonkommen

Mit dem Leben davonkommen, gerettet vor Gefahren,

da kann sich göttliche Führung offenbaren.

Das Leben gilt dir als köstliches Gut.

Halt' aus in Ängsten, fass wieder Mut!

59. Jemandem das Leben

sauer machen

Jemandem das Leben sauer machen,

das ist gar hart und nicht zum Lachen.

Ein andrer macht mir Schwierigkeit,

ist boshaft über lange Zeit.

Wer etwas ziemlich Saures isst,
verzieht den Mund und das Gesicht.
Ich hass' die Säure auf der Zunge,
muss holen Luft tief aus der Lunge.

Das Saure ist nicht mein Geschmack,
weil ich es einfach nicht so mag.
Anstatt das Leben sauer machen,
möcht' ich fröhlich sein, mehr lachen.

60. Jemandem die Leviten lesen

Die Leviten möcht' man lesen,
um zu bessern grad die Bösen,
zu erteilen 'nen Verweis,
wer da müßig, ohne Fleiß.

Bischof Chrodegang von Metz
hat einst Geistliche gehetzt
zu mehr Arbeit und Gebet.
Dass ein guter Geist dort weht,

las der fromme Gottesmann
aus Levitikus sodann,
aus dem dritten Buch der Bibel,
gelehrig vor wie aus der Fibel.

Die Mönche hörten so von Pflichten,
ihr Tagwerk fleißig zu verrichten,
nach Vorschrift und nach Opferkult
zu üben sich in der Geduld,

nach Gesetz des heil'gen Moses,
der auch nicht duldete zu loses,
sittenwidriges Verhalten,
bei Jungen nicht und nicht bei Alten.

Das Vorbild, das betont er sehr,
das Beispiel, Ordnung und die Ehr.
Wie einst nach Mose der Levit
berief sich dieser Mönch ganz fit

im Eifer der geführten Gefechte
auf seine wohl verbrieften Rechte,
auf Gottes und des Moses Wort,
das gültig schien an jedem Ort.

So werd' als Mensch recht ordentlich,
wenn die Leviten zügeln dich
durch Predigt oder gar durch Strafe,
damit verehrenswert der Brave.

61. Sein Licht unter den Scheffel stellen

Wer Licht nur unterm Scheffel stellt,
bescheiden bleibt und niemals bellt,
wird gute Seiten nicht vorzeigen,
sich stets diskret vor andren neigen.

Dies mag gelegentlich richtig sein.
Doch find' ich es nicht immer fein.
Grundsätzlich muss ich kritisieren
den faulen Lebensstil zu führen,

wenn du begabt und auch geschickt
dich trotzdem hältst ganz still zurück,
wenn du anstatt hart mitzuschaffen,
willst immer nur dastehn und gaffen.

Denn nur wer immer mutig wagt,
wer fröhlich ist und unverzagt,
wer stets mit ganzer Lebenskraft,
das Gute tut und Großes schafft,

verdient gebührenden Respekt.
Wer aber sein Talent versteckt,
ist keiner großen Achtung wert.
Dann hat er sich nicht echt bewährt.

62. Leben wie die Lilien auf dem Felde

Wie die Lilien auf dem Feld
leben fröhlich auf der Welt,
unbeschwert und ohne Sorgen
ohne Ängste vor dem Morgen.

Unbekannt! - Man weiß es nicht.
Doch man bleibt voll Zuversicht:
Ohne Mühen, ohne Not,
unbekümmert bis zum Tod.

63. Etwas für ein Linsengericht hergeben / verkaufen

Schau, der ist ein armer Wicht,
wer bloß für ein Linsengericht
kommt gar hungrig hergelaufen,
tut viel unter Wert verkaufen:

Seine Ehre, seinen Ruhm,
gilt ihm nicht als Heiligtum.
Wie der Jakob sei so schlau,
handle nicht wie einst Esau,

der verkauft die Erstgeburt,
weil er nicht so schnell gespurt,
geistig, ach herrjemine,
war er gar nicht auf der Höh'.

Andrerseits ich melden muss,
dass der Jakob schuf Verdruss,
Nötigung, ja gar Betrug,
schafft er Vorteil sich durch Trug,

weil der Esau nicht viel hält
was dem Jakob sehr gefällt.
Wucher ist es, was er treibt.
Erstgeburt wird einverleibt

illegal für ein Gemüs'
voller Linsen - ich denk, dies
war 'ne Frechheit, unerhört,
die den Gottesmann nicht stört.

Jakob gilt trotz seiner List
nicht einmal als Bösewicht.
Auf ihm nur der Segen ruht.
Ohne Rüge er dies tut.

Leider zeigt man Sympathie
für den Esau beinah' nie.
Dabei ist es ganz natürlich,
dass er Essen will gebührlich,

wenn er heimkommt ausgehungert
heißt's nicht lange rumgelungert.
Essen soll schnell auf den Tisch,
sei's Gemüse, Braten, Fisch.

Hat die Nas' davon gerochen,
wer käm' da nicht angekrochen,
zu genießen, um zu betteln,
alles Mögliche anzuzetteln,

um zu schmecken, was er mag,
damals und an jedem Tag?
Was ist daran so dramatisch?
Mir ist Esau recht sympathisch!

64. Jemanden als Lockvogel einsetzen

Ein Vogel wird gern eingesetzt,
um herzulocken mit Geschwätz,
mit Gezeter ohne Ruh,
bis die Falle schnappt schnell zu.

So wird auch ein Mensch verführt,
das zu tun, was ihn nicht ziert,
was ihn fesselt wie mit Banden,
die ihn bringen fast zuschanden.

Darum also meide schnell,
Lockvögel, die kriminell!
Sei kein Vogel, der will locken,
lieber bleibe einfach hocken.

65. Durch Mark und Bein dringen / gehen

Geht dir was durch Mark und Bein,
stellt sich Furcht und Grauen ein.
Dies ist gar nicht angenehm,
alles andre als bequem.

Da das Mark im Knochen liegt,
sich die Last nach innen biegt.
Sind im Innern wir gerührt,
sehr betroffen, angeführt

oder auch nur aufgeweckt,
furchtsam, ängstlich und erschreckt,
fährt der Horror durch die Glieder,
fühlen wir uns schwach darnieder.

66. Das ist ein Menetekel

Menetekel, schlimme Zeichen,
davor unser Glück muss weichen.
Glaubst du nicht an Prophetie,
wirst du sein gewarnt wohl nie!

67. Einen Mohren weiß
waschen wollen

Magst du keinen schwarzen Mohr,
sage dir dann niemals vor,
dass du ihn mit großem Fleiß
möchtest waschen rein und weiß.

Wenn man dieses so versucht,
scheint es eine dumme Flucht
in die reine Phantasie.
Darum wasch 'nen Mohren nie!

Nimm ihn an, so wie er ist!
Du vielleicht nicht besser bist.

68. Sein Mütchen an jemandem kühlen

Willst du dir dein Mütchen kühlen,
wild in Tiefen, Furchen wühlen,
such dir keinen Schwäch'ren aus!
Ein fairer Kampf wird sonst nicht draus.

Wenn dich Habgier hat erfasst,
wenn der Neid dich treibt zur Hast,

Eifersucht dein Herz bekriegt,
die Moral in dir nicht siegt,

wenn du gar noch voller Hass,
ist das Negative krass.
Wie der Feind strebt nach der Beute
so erjagen schlimme Leute

Streit, Begierden, Lust und Geld,
kurz: das Böse auf der Welt.
Darum strebe du nach Güte,
dass dich Gott stets gut behüte.

Kühle dir nie deinen Mut,
bleib' beherrscht, lieb, brav und gut!
So nur die Barmherzigkeit
dich regiert zu jeder Zeit.

69. Ein Nimmersatt sein

Wer nicht g'nug bekommen hat,
scheint zu sein ein Nimmersatt.
Dieser bleibt sehr unzufrieden
ohne Sättigung hienieden.

Dabei ist's kein guter Zug,
wenn er niemals hat genug.
Strebsam ist es leider nicht,
wenn er stets auf mehr erpicht.

Drum gereicht es dir zur Ehr,
wenn du nicht verlangst nach mehr
als dir zusteht, Du verdienst,
du den Nimmersatt nicht mimst.

Wenn du dies vermeiden kannst,
kriegst du keinen fetten Wanst.

Bleibe fröhlich und bescheiden!
Das wird niemand völlig meiden.

Ein rechter Freund wird dich auch mögen,
wenn du ohne Großvermögen.
Bist du freundlich, lieb, adrett,
find auch ich dich ziemlich nett.

Wer sich fühlt zu kurz gekommen,
gehört meist nicht zu wirklich frommen,
guten Menschen, die man liebt,
denen man gern etwas gibt,

die man ehrt, auch ungewollt -
ihnen Achtung, Ehre zollt.
Hat dich nämlich jemand gern,
bleibt der Nimmersatt dir fern.

70. Du sollst dem Ochsen,

der da drischt ...

(nicht das Maul verbinden.)

Du sollst dem Ochsen, der da drischt,
versagen die Versorgung nicht,
das Futter, Nahrung und das Essen,
das darfst du nicht zu knapp bemessen.

Dasselbe gilt auch für den Mann,
der für Bezahlung schaffen kann.
Sei nicht zu geizig und geniert!
Und zahl' ihm nicht zu kleinkariert!

Bei Leistung sollst du ihn belohnen.
Dann magst du seine Kräfte schonen,
damit er nicht zu heftig schwitzt
und dir auf lange Zeit noch nützt.

Entsprechend gilt dies für 'ne Frau,
die anerkannt sein will genau.
Wer immer gut sie nur behandelt,
des' Leben sich zum Guten wandelt.

71. Öl in die Wunden gießen

Wer Öl in eine Wunde gießt,
will, dass das Blut nicht länger fließt,

auf dass sich die verletzte Haut
erholt, der Schmerz wird schnell verdaut.

Auf diese Art das Leiden endet,
das Schicksal sich zum Guten wendet.

72. Perlen vor die Säue werfen

Wer Perlen wirft vor ein paar Säue,
scheint nicht ein Mensch von großer
Schläue.
Die Perlen werden nicht geschätzt,
vielleicht nur in den Schmutz gewetzt.

Drum spare dir die Kostbarkeit
und suche die Gelegenheit,
dass jemand deine Perlen ehrt,
wodurch sich deine Freude mehrt.

73. Jemand ist ein Pharisäer

Ein Mensch betrachtete einst näher
die Fabel von dem Pharisäer,
der Gott gedankt voll Heuchelei,
dafür, dass er kein Zöllner sei.

„Gottlob" sprach er in eitlem Sinn,
„dass ich kein Pharisäer bin."

So dichtete einst Eugen Roth.
Doch ist bis heut' noch lang nicht tot
das eitle Pharisäertum,
das uns beschenkt mit falschem Ruhm.

Man kritisiert, man prangert an,
was man nun mal nicht leiden kann;
und merkt so leider nicht dabei,
wie unser Sinn voll Heuchelei.

Denn oft mich gerade das empört,
was mich am Mitmensch schrecklich stört,
was tief in meiner Seele wurzelt
und durch Kritik nach vorne purzelt.

So kommt mir häufig ins Visier,
das Böse, das steckt auch in mir.
Üb' Selbstkritik und heuchle nicht!
Dann siehst du, wer der Bösewicht!

74. Jemanden von Pontius
zu Pilatus schicken

Von Pontius zu Pilatus schicken
bedeutet jemanden erblicken,
der unerwünscht, vielleicht nicht recht,
auch wenn er gar nicht handelt schlecht,

weil dieser ist am falschen Platz,
selbst wenn er ist ein echter Schatz.
Man schickt ihn weg, man jagt ihn fort,
bis er erreicht den nächsten Ort.

Und auch von dieser nächsten Stelle,
wird er getrieben wie 'ne Welle,
zur übernächsten, dritten dann,
zur vierten, fünften, wenn er kann.

Und wird die sechste noch erreicht,
er schließlich kreideweiß erbleicht,
weil er dann endlich doch entdeckt,
dass dieser Plan falsch ausgeheckt.

Das siebte Ziel ist falsch. Das achte
nur Ärger, Kosten, Spesen brachte.
Das neunte Ziel: Das Amt ist zu;
das raubt ihm seine liebe Ruh'.

So muss der Mensch schier weiterrennen,
die zehnte Chance nicht zu verpennen.
Und kommt er schließlich an die elfte,
verweist man dort ihn an die zwölfte.

Da endlich voll Verwegenheit
ergreift er die Gelegenheit.
Und stellt dann fest, ganz sonnenklar,
die Nummer dreizehn auch nichts war.

So scheint als Trottel er und dumm,
führt man ihn an der Nas' herum.
Er wird noch lang herumgeführt,
wenn er es nicht von selber spürt,

dass ihn der Weg so führt nicht weiter,
und dass er bleiben kann nur heiter,
wenn er sein Ziel ganz sicher kennt.
Sonst wird umsonst herumgerennt.

Drum lass' dir sagen, sei so schlau,
wo du nun hin musst, ganz genau!
Und prüfe erst, ob's richtig ist,
da du sonst stets der Dumme bist.

Auch Jesu Weg war wie 'ne Leiter,
von Pontius ging es dann weiter
zu König Herodes Antipas,
der fragte ihn Gott weiß wer was!

Da Jesus nicht nach Antwort suchte,
Herodes ihn am End' verfluchte.
Er schickte ihn mit arger List
schon bald nach einer kurzen Frist,

zu Pontius Pilatus zurück.
Das war fürwahr kein Meisterstück.
Denn dieser gab dem Drängen Raum,
des Volkes Zorn war nicht im Zaum.

So kehrte Jesus ohne Glück
zum römischen Herrscher wieder zurück.
Er trug das Kreuz, das drückte schwer,
er trug es für der Sünden Heer.

Willst du vermeiden diese Last,
dann nimm dir Zeit! Mach etwas Rast!
Üb' dich im Denken, in Geduld!
Zerbrech' nicht an der Sündenschuld!

Und folge nicht dem falschen Rat!
Bevor du schreitest fesch zur Tat,
musst du es ganz genau noch wissen,
wie ist dein Ziel nicht zu vermissen.

Nur wer das Ziel vor Augen hat,
wird auch auf seinem Weg nicht matt.
Den Umweg, Holzweg dir erspar',
denn oft sind deine Kräfte rar!

So schonst du deine Energie,
die Gott dir für dein Leben lieh.
Wenn deine Kraft reicht dafür aus,
dann kommst du sicher gut nach Haus.

75. Der Prophet gilt nichts
in seinem Vaterlande

Kommt der Prophet im Vaterlande
mit seinem Ruf nicht mehr zu Rande,
dann zieh' er schleunigst einfach fort!
Und wenn er dann am fernen Ort

zu Einfluss, Ruhm und Ehren kommt,
auch wenn die Heimat ihm nicht frommt,
so muss er dieses Unrecht leiden.
Er sollte seine Heimat meiden.

76. Jemanden mit Rat und Tat
zur Seite stehen

Zur Seite steh' nicht nur mit Rat,
nein auch mit Fleiß und guter Tat!
Steh' andren so mit Hilfe bei,
damit dein Rat kein Schlag mehr sei!

77. Der Rest ist für die Gottlosen

Wer gottlos ist, verdient den Rest,
weil er im Guten steht nicht fest.
Das Schlechte scheint ihm zuzustehn.
So lass' an ihn die Reste gehn!

78. In Sack und Asche gehen

Will wer in Sack und Asche gehen,
dem wird sein Ruhm im Wind verwehen,
bescheiden muss er Buße tun,
Die Taten werden dabei ruhn.

Vielleicht sind seine Werke schlecht,
dann ist die Sendepause recht.

79. Aus einem Saulus
zum Paulus werden

Saulus war ein äußerst krasser,
ein ausgemachter Christenhasser.
Grausam mordet mit Gewalt
er den heil'gen Stephanus bald.

Als ein Paulus er geworden,
hörte er ganz auf mit Morden,
wurd' Apostel, Missionar,
blieb im Glauben immerdar

standhaft, eifrig, klug und heiter,
und bekehrte Christen weiter,
bis als Paulus weltbekannt
einst den Martertod er fand.

80. Die Schafe von den
Böcken scheiden

Die Schafe von den Böcken scheiden!
Sortier'n wir aus, wen wir nicht leiden!
Die Bösen trennen wir von Guten,
doch oft muss man sich dabei sputen.

Sonst kann es sein, dass wir erwischen,
das Schaf, das dämlich angeschlichen,
anstatt den Bock, der kraftvoll springt
und uns Gewinn und Reichtum bringt.

81. Den Schlaf des Gerechten schlafen

Wer da lebt gerecht und brav,
habe einen guten Schlaf.
Er schlafe fest die ganze Nacht.
Gott, der Herr, im Himmel wacht.

82. Jemandem fällt es
wie Schuppen von den Augen

Schuppen fallen von den Augen,
wenn wir Laster ganz aufsaugen.
Somit wird leicht offenbar,
was im Licht der Sonne klar:

Durch das Gute und die Liebe,
sind genommen schlechte Triebe.
Wenn des Guten fester Kern,
sichtbar wird, sehn wir das gern.

83. Im Schweiße seines Angesichts

Im Schweiße deines Angesichts,
nützt dir oft die Klugheit nichts.
Du musst recht schwitzen oder bluten,
dich plagen hart und eilig sputen.

Ist deine Mühe riesengroß,
rinnt dir der Schweiß fast wie ein Floß,
zieht dich nach unten in den Tod,
hilft dir niemand in der Not.

Warum schaffst du bloß so schwer
bis zum letzten „Geht-nicht-mehr"?
Drum schufte nicht wie wilde Stiere,
vielmehr die Arbeit reduziere!

84. Sodom und Gomorrha

Sodom und Gomorrha klingen
wie zwei böse Fallenschlingen,
schnüren ohne Rast und Ruh
uns den Lebensatem zu.

Ganz verdorben ist die Pracht
durch der Städte Niedertracht,
Sündenbabel, groß und schwer,
sei gestürzt ins Höllenmeer!

85. Den Splitter im
fremden Auge sehen

Wer findet im Aug' des andern den Splitter?
Der scheint uns oft böse,
gehässig und bitter!

Denn sieht er wirklich scharf wie Falken,
in seinem Aug' nicht einen Balken?

Fürs eigne Aug' scheint er erblindet.
Die eignen Schwächen er nicht findet.

86. Die Spreu vom Weizen trennen

Die Spreu vom Weizen trennen,
das sollst du nicht verpennen.

Du findest leicht die Körner.
Wenn ungehemmt durch Hörner,

trennst du ganz ohne Geizen,
die Spreu vom guten Weizen!

87. Der Stein des Anstoßes

Der Stein, der anstößt, kommt ins Rollen,
wir müssen ihm Beachtung zollen,
sonst eckt er an, er zwickt uns sehr,
er schenkt uns keine Ruhe mehr.

Er ist es, der uns schrecklich stört,
der ärgert oder gar empört.
Drum möglichst schnell von dannen hetze,
damit der Stein dich nicht verletze!

88. Den ersten Stein
auf jemanden werfen

Werfe nie den ersten Stein
auf ein armes Sünderlein!
Auch wenn du denkst, das sei schon richtig,
die Lynchjustiz ist null und nichtig.

Du hast kein Recht, um zu bestrafen,
zu stellen dich nur zu den Braven,
die richten und die klagen an,
was wer wohl Böses hat getan.

Niemand ist so ausgeheckt,
dass er alles kann perfekt.
Du selbst nicht ohne Sünde bist,
zumindest machst du auch 'mal Mist.

89. Keinen Stein
auf dem andern lassen

Wer keinen Stein auf dem andern lässt,
der sei gemieden wie die Pest.
Er handelt bös' wie ein Verbrecher,
ist ärger noch als mancher Zecher.

90. Zum Tempel hinausfliegen

Zum Tempel hinaus!
Wer macht den Garaus?
Man darf nicht herein,
muss draußen nur sein.

91. Der Teufel ist los

Ist der Teufel einmal los,
ist das Leben nicht grandios.
Manchmal ist's ne Hexenküche,
voller schrecklicher Gerüche.

Durcheinander, Chaos, Krieg,
ist des Teufels übler Sieg.
Hölle ist nicht nur ein Ort,
wo die Qualen dauern fort.

Eher ist's ein Zustand dann,
den man nicht verändern kann.
Gibt es nicht Gemeinschaft mehr,
fühlst du dich verlassen sehr.

Egoismus, Einsamkeit,
Trübsinn und Verlassenheit,

ist ein Zustand schrecklich mies,
grad' das Gegenstück zum Paradies.

Gib' dem Bösen keinen Raum,
denn dann merkst du diesen kaum!
Darum lass' den Bösewicht,
schenk' ihm Dein Vertrauen nicht!

92. Den Teufel durch Beelzebub austreiben

Den Teufel durch Beelzebub hetzen,
heißt Übel durch Übel ersetzen.
Das Böse ist nicht ausgemerzt,
wenn man das Gute nicht beherzt.

93. Ein ungläubiger Thomas

Der Thomas soll nicht gläubig sein?
Sein Glaube war nur viel zu klein!
Die Auferweckung war suspekt,
die Hoffnung war ihm nur verdeckt.

Doch als er schließlich Jesus sah,
sein Glaube war ganz mächtig da.
Kaum sieht er Jesus, ruft er flott:
„Du bist mein Herr! Du bist mein Gott!"

94. Unschuldig wie ein Lamm

Wer wie ein Lamm unschuldig ist,
der bleibt nicht bloß ein Taufscheinchrist.
Er übt sich schon seit früher Jugend,
in Keuschheit, Liebe und in Tugend.

95. Neuen Wein
in alte Schläuche füllen

Neuen Wein in alten Schläuchen,
das bedeutet, dass von Bräuchen
man nicht Abstand nehmen kann,
will auf alten Gleisen dann

neue Ziele anvisieren,
kommt gekrochen fast auf Vieren.
Und so wächst oft der Konflikt,
bis ein alter Brauch erstickt.

96. Nicht von dieser Welt sein

Ist man nicht von dieser Welt,
tut man oft, was nicht gefällt.
Scheinbar ist man völlig out,
absolut verkehrt, verstaubt.

Doch das Jenseits setzt das Ziel.
Zukunft kommt dabei ins Spiel.
Gibt die bessre Welt 'nen Stoß,
kommen wir von ihr nicht los.

97. In den Wind reden

Wenn Menschen miteinander reden,
dann lassen sich vermeiden Fehden.
Konflikte sind oft unumwunden
durch Gespräche unterbunden.

Doch die Worte nutzlos sind,
redet jemand in den Wind.
Dieser bleibt zwar ungestört,
leider aber ungehört.

98. Ein Wolf im Schafspelz

Gefährlich ist ein Wolf im Land,
bleibt er im Schafspelz unerkannt.
Drum sei hier vor dem Wolf gewarnt,
der sich mit einem Schafspelz tarnt.

Ist die Tarnung 'mal durchschaut,
niemand mehr ihm richtig traut.
Lebt der Wolf dann ganz allein,
bleibt der Schaden ziemlich klein.

99. Die Zeichen der Zeit

Die Zeichen der Zeit gilt's zu erkennen,
wir sollten wachsam sein, nicht pennen,
verschlafen, was heut' wichtig ist;
sonst kommt ein schlimmes Strafgericht.

Die Umweltsünden wachsen an,
wenn nichts dagegen wird getan.
Doch können wir das Schicksal wenden.
Es muss nicht einmal schrecklich enden!

**_Herzlichen Dank_ an meine Leser
für ihre Aufmerksamkeit.**

Über ein evtl. Feedback
an meine E-Mail-Adresse unter:
heribert.steger@arcor.de
würde ich mich freuen.

Zeitfracht Medien GmbH
Ferdinand-Jühlke-Straße 7
99095 Erfurt, Deutschland
produktsicherheit@kolibri360.de